# Inhalt

**Public Relations auf dem Prüfstand**

Kernthesen

Beitrag

Fallbeispiele

Weiterführende Literatur

Impressum

# Public Relations auf dem Prüfstand

E. Krug

## Kernthesen

- Unternehmerischer Erfolg basiert zunehmend auf dem Faktor Kommunikation und baut sich auf dem Dialog mit dem potenziellen Kunden, Offenheit und Transparenz auf. Public Relations bilden somit einen wichtigen Kernpunkt im Unternehmen und verlangen die entsprechende Aufmerksamkeit. (1)
- Voraussetzungen effektiver PR-Arbeit sind ein selbstbewusstes, aber auch selbstkritisches sowie engagiertes Handeln, das sich nicht, wie es bisher häufig der Fall war, auf reine Verkaufsförderung reduzieren darf. (1)

- In der Branche spürt man mittlerweile die Auswirkungen der kritischen Wirtschaftssituation und muss mit Umsatzeinbußen rechnen. Die Zukunft versucht man dennoch nicht allzu pessimistisch zu sehen. (2), (3), (4), (5)

## Beitrag

Public Relations bedeutet eine stetige Beziehung und Kommunikation zwischen Unternehmen und Öffentlichkeit. Heute ist für ein Unternehmen mehr denn je der ständige Dialog mit dem Kunden, aber auch mit dem Mitarbeiter, einer der wichtigsten Erfolgsfaktoren. Nur Gutes tun und darüber zu reden, wie bisher Öffentlichkeitsarbeit gerne gehandhabt wurde, reicht heute bei weitem nicht mehr aus. (1)

## Welche Rolle spielt der PR-Bereich in einem Unternehmen?

Public Relations ist mehr als nur eine spezielle Art der Werbung, mehr als nur ein Marketing-Anhängsel, PR ist zu einer der brisantesten Aufgaben des Unternehmens herangewachsen. Das bringt keine grundsätzliche Neuorientierung mit sich, das bedeutet vielmehr, dass der Öffentlichkeitsarbeit in einem Unternehmen der Platz eingeräumt werden sollte, der ihr zusteht. Die Unternehmenskommunikation ist in der heutigen Zeit zu einer Führungsaufgabe gereift.

Die große Bedeutung von Public Relations ist sicherlich erwiesen, dennoch wird sie in den meisten Unternehmen noch nicht optimal realisiert. Öffentlichkeitsarbeit findet häufig in erster Linie zur Unterstützung der Verkaufsförderung statt, anstatt selbständig das Image des Unternehmens intern und extern zu konstruieren oder zu erhalten.

In vielen Fällen kommen PR-Aktivitäten nur sporadisch zum Einsatz und bilden keinen kontinuierlichen Bestandteil im Marketing-Mix. Sie wirken dadurch auf die potenziellen Kunden wenig glaubwürdig. Die Öffentlichkeit ist an offenen und ehrlichen Informationen interessiert. Ein Unternehmen, das langfristig angelegte Kommunikationskonzepte bietet, kann damit das Vertrauen gewinnen. Allerdings wird dies bislang bei den wenigsten Unternehmen umgesetzt.

Neben Offenheit, Selbständigkeit und Selbstkritik legen offensives Handeln und ethische Verantwortung den Grundstein für eine effektive interne und externe PR-Arbeit.

Nicht nur nach außen ist Öffentlichkeitsarbeit von Bedeutung, sondern auch firmenintern, da auf diese Art und Weise das Vertrauen der Mitarbeiter gewonnen und ihre Motivation gefördert werden sollte. Kommunikation ist heute zum Wettbewerbsfaktor geworden; gerade deshalb sollten dem Bereich Public Relations eigenständige Führungsaufgaben im Unternehmen eingeräumt werden. (1)

## Welche Auswirkungen hat eine schwache Konjunktur auf die PR-Branche?

Die Bedeutung der Öffentlichkeitsarbeit ist ganz offensichtlich, denn die PR-Branche an sich befand sich in den letzten Jahren auf Erfolgskurs. Heute allerdings macht die schwache Konjunktur auch vor Public Relations nicht halt. Obwohl dieser Bereich wichtiger ist, denn je, lassen die Umsatzzahlen darauf schließen, dass auch hier ein Einbruch stattgefunden hat. (2), (3), (4), (5)

Trotz der Flaute wuchs der Markt der PR-Agenturen im Jahr 2001 noch um ca. sechs Prozent. Für 2002

erwarteten die Top-50-Agenturen laut Umfrage nur noch ein Umsatzwachstum von ca. 2,5 Prozent, sprich einem Honorarumsatz von 296 Mio. Euro.
Dabei ist zu beachten, dass sich die PR-Branche nach wie vor sehr ungleichmäßig entwickelt. Während einige Agenturen ein Umsatzwachstum bis zu 35 Prozent für sich verbuchen konnten, mussten andere Unternehmen Umsatzrückgänge bis zu fast 22 Prozent hinnehmen. (vgl. Cases) (2), (3), (4)

Allerdings bietet die Rezession auch Chancen, denn es ist gerade dann Öffentlichkeitsarbeit gefragt, wenn Unternehmen fusionieren oder sich mit anderen Veränderungen konfrontiert sehen. (3)

## Fallbeispiele

## Beispiel für Öffentlichkeitsarbeit aus der Brauereibranche

Um den Verbraucher über Herstellung, Rohstoffe

oder Ursprung von Bier zu informieren, wird in der Branche fleißig mit Pressekonferenzen, Pressemitteilungen und anderen Instrumenten der Öffentlichkeitsarbeit gearbeitet.
Die Image-Verbesserung erfolgt ziemlich professionell, aber doch etwas langweilig.
Neue Überlegungen befassen sich deshalb mit der Idee eines Bierseminars. Der Verbraucher hätte so die Möglichkeit, selbst ein Bier zu brauen und den Herstellungsprozess von Anfang bis Ende mitzuerleben. Das ist sicherlich anschaulicher als eine noch so umfangreiche Broschüre. (6)

## Beispiel für Öffentlichkeitsarbeit, die in erster Linie verkaufsfördernde Maßnahmen unterstützt

Innovation im Hause Griesson-de Beukelaer: der erste Minikuchen für Kinder.
Dieses neue Produkt wird im Rahmen von Öffentlichkeitsarbeit z. B. mit einer Sampling-Aktion in Kindergärten, die bundesweit erfolgt, beworben. (7)

## Beispiele für die inhomogene Entwicklung in der PR-Branche im Jahr 2002

Umsatzwachstum:
Media Consulta, Berlin (+31 Prozent)
Fischer-Appelt Kommunikation, Hamburg (+15 Prozent)
Umsatzrückgang:
ABC Euro RSCG (-20 Prozent)
Fleishman-Hillard, Frankfurt (-19 Prozent)
Nullwachstum:
Hering Schuppener Gruppe
Ahrens & Behrent (2), (4)

## Branchenumfrage des Marktforschungsinstitut SKOPOS (Köln)

Auftraggeber: Deutsche Public Relations-Gesellschaft (DPRG)
Zeitpunkt: Dezember 2002
Die repräsentative Befragung wurde bei 161 deutschen PR-Agenturen und PR-Dienstleistern durchgeführt.
Einige Ergebnisse:
57 Prozent erwarten für 2003 steigende Einnahmen, 14 Prozent gehen von einem Rückgang aus;
35 Prozent erwarten für 2003 zusätzliche Festeinstellungen, 7 Prozent eine Abnahme und 58 Prozent gar keine Veränderung;
die Mehrheit der Befragten erwartet eine Belebung des PR-Arbeitsmarktes in 6 bis 12 Monaten seit Beginn des Jahres 2003;
59 Prozent erwarten einen Aufschwung im Bereich strategische Beratung;
56 Prozent erwarten einen Aufschwung im Bereich klassische Medienarbeit (5)

## Weiterführende Literatur

(1) Öffentlichkeitsarbeit als Führungsaufgabe
aus acquisa, Heft 01/2003, S. 24

(2) PR-Agenturen stehen kurz vor Nulldiät
aus HORIZONT 49 vom 05.12.2002 Seite 026

(3) Schneller Aufstieg, tiefer Fall
aus werben & verkaufen Nr. 49 vom 06.12.2002 Seite 084

(4) PR-Branche wächst minimal
aus HORIZONT 49 vom 05.12.2002 Seite 001

(5) PR-Branche ist „verhalten optimistisch", Tourismus, Freizeit und Pharma/Chemie als Hoffnungsträger, medien aktuell, 13.01.2003, S. 20
aus HORIZONT 49 vom 05.12.2002 Seite 001

(6) Kleppien, B. / Dederichs, E., Presse- und Öffentlichkeitsarbeit für kleine und mittlere Brauereien, Das Bierseminar, Brauwelt, Heft 50, 2002, S. 1931
aus HORIZONT 49 vom 05.12.2002 Seite 001

(7) Neues unter starkem Markendach
aus Lebensmittel Zeitung 05 vom 31.01.2003 Seite 058

# Impressum

## Public Relations auf dem Prüfstand

**Bibliografische Information der deutschen Nationalbibliothek**

Die Deutsche Nationalbibliothek verzeichnet diese Publikation in der deutschen Nationalbibliografie; detaillierte bibliografische Daten sind im Internet über http://dnb.d-nb.de abrufbar.

ISBN: 978-3-7379-0828-3

© 2015 GBI-Genios Deutsche Wirtschaftsdatenbank GmbH, Freischützstraße 96, 81927 München, www.genios.de

Alle Rechte vorbehalten. Dieses Werk ist einschließlich aller seiner Teile – z.B. Texte, Tabellen und Grafiken - urheberrechtlich geschützt. Jede Verwertung außerhalb der Grenzen des Urheberrechtsgesetzes bedarf der vorherigen Zustimmung des Verlags. Dies gilt insbesondere auch für auszugsweise Nachdrucke, fotomechanische Vervielfältigungen (Fotokopie/Mikroskopie), Übersetzungen, Auswertungen durch Datenbanken oder ähnliche Einrichtungen und die Einspeicherung und Verarbeitung in elektronischen Systemen.